歌集

拙きを抱く

小川十四

西田書店

歌集　拙きを抱く＊目次

目次

拙きを抱く

小さな手

転んでは泣く子羨む転んでも泣けない人を大人ともいう

みぎをみてひだりをみてまたみぎをみて渡る機会をのがしているよ

鍵っ子のカギを忘れて泣いていますと先生からの電話で帰る

熱の子を置いて出かけて帰り来ればぬいぐるみたちが寝顔を囲む

眠る子は愛しい笑う子は更に声たてず泣く子は更々に

子は夢に声たて笑う咎を知らぬ者のみにこそ許されること

仕事終え炊事の前に子に請われ車輪を直す父の不在に

仕事より帰るころ来るねだられる移動販売アイスクリーム

問いかけて待てば答えず夕まぐれいつしか寝た子の背は儚げよ

五線譜の母の屈したその箇所をやすやすと弾く小さな指は

口数の少ない子供の晴れの日のピアノ演奏ひたと見守る

肩こりに心もとない小さな手〈かたたたきけん〉使ってみれば

ハマナスを知って十年過ごし来れば自分の訛りに気づかずに在る

ふと海を見たいと思う海の無い町に何故やら住みつき在れば

夏草は径を狭めて繁り生う径なき昔とさも言うように

夏の夜の白いページに殺されに尚も飛び来る羽虫あわれむ

足裏につぶす虫その五分という魂、人と同質のもの

見えるものを信じるだけでは空しいと花火のあとの天《そら》は囁く

二尺玉天《てん》半分になぞらえる人の力を華と儚く

夕暮れの小雨ふるなか自転車に乗れた子は尚ペダル漕ぎ出す

秋風の慰め秋の陽の恵みその中子らと自転車で行く

有るものを数えて生きる方法を言い聞かせている夜毎自分に

枕辺に荷物そろえて遠足の前の夜の子はようやく寝つく

チイチイと梢に啼くは喜びか切なる声か灰色の鳥

美男猫しばし腹見せ遊ばせて飽きてはふいに鮮やかに去る

母がそう教えたものか子猫らは近づき行けば飛んで散りゆく

お洒落して行こうとタンスの服選びどれも流行遅れと知れる

気まぐれに立ち寄る店の主人との会話楽しく一、二個を買う

子ら連れた帰省の日々は母となり娘となり過ごすひとときの旅

休暇明け戻る暮らしも嬉しくて思いは至る居場所は此処《ここ》と

玄関に雪のうさぎが迎え居る白い道行き帰った夜に

大声で子ら撒く豆のつぶて受け鬼の背中は闇に消えゆく

ひなかざり男雛女雛の置く位置を今年も迷う陽だまりの中

古びては魂を得て人形はしゃべり出すかの口元をする

「おひなさま白ざけのんだ」朝に子は飛んで来て言う上澄み知らず

積もるのを願った子供は雪玉を冷凍庫に置く淡雪の夜

桜草甘い期待を運び来る昔教室で見たと同じに

春告げる香り届いて沈丁花　在処《ありか》見まわす散歩道にて

モクレンの仄白く浮く夜の闇に薄い上着で春の気を吸う

翳る陽は一瞬にして身を塞ぐ春のソウウツ天から下りる

楽園があってもそこに住みたくはないですと言う布教の人に

人知れぬ旋毛《つむじ》あたりに凹みあり日々確認す我がアイデンティティー

現像を終えた写真の中にある楽しさは三月ほど前のもの

時の経つ早さにこの身追いつかず日誌に記する先月の月

枕辺に読みかけの本は山となり眠れる姫の読了を待つ

それぞれが動く両手とたゆたう心、午後の職場の無言の中で

笑うこと時にはとても難しく俯き仕事に精出すふりする

幸せは何と聞いたら大の男三度の御飯と言うので笑う

課長なんて呼ばれてこんな商売に全てを懸けてバカよ男は

時に俺また僕そして私と言う男は場所に自分を変えて

定年に微笑んで去る人あれば労い送る縁少しでも

ジャングルの奥の湿地に咲けばなお美しかろうラン科植物

観光の湖《うみ》の港もうらぶれて遊覧船は常時留まる

色褪せた造花で飾る船はなお人乗せ走る夢をみて待つ

あゆむ歩数《ほかず》に和する星月

気の重い仕事を受けてこの家の主、事毎《ことごと》の観念をする
家のウツを職場で晴らし職場のは家で癒して丁度収まる
日々の澱こころに積もる知らぬ間にテーブルの上に埃ふる様に
自らを太陽と称す人の居て真夏の時も赦す他なし
無知を知る異議は何ただ自信さえあれば生きるに困らないのに

割り切れぬ事は多くて白黒をつけたい癖を眠らせてゆく

信じたいだから信じる単純は盲目であり明るさでもある

一と月を仕事に悩み達したはｂｅｔｔｅｒで良いと聞いた様な言葉

いつからか子の絵自由を失って手本によく似た上手さとなる

多すぎる課題与えて落ちこぼす教育という名の奪い取る業

権力に寄る人声の意味問わず声弱ければ聞かぬふりする

子の居ない日曜羽根を休ませて終日辞書を相手に遊ぶ

帰途いつも夜空の星を仰ぎ見るその名は何も知らないけれど

見上げれば幾千万の昔より届く光が今を瞬く

人はそのひとつひとつに名を付けて線で結んで語り来、星を

彗星の塵といわれる流星は長旅の果て瞬時きらめく

遠く在る為にこそ地を一歩二歩あゆむ歩数に和する星月

暖かい部屋に居て見る紛争地の写真の子供の目は問いかける

罪なき子を戦禍や飢えのただ中に置く神と呼ばれる傲慢な手は

難民が兵士となって戦えばまた難民が生《あ》れくる世界

人の世に弱肉となる人を見て哀しむ私も強者と欲する

傷つくと知れる言葉を言う時の仄かな甘美、弱いこの身の

悲しみに涙が出るは何のため科学でそれは説けるのですか

悲しみの涙は人のみ流すらし悲しみあろう獣にだって

脳死者の命、絶望の淵にいる五人の中に移植されゆく

臓器提供意思表示カードなるものを持ち歩き出すお守りのように

ひさびさの冬の帰省に満開の鉢花が咲く父母の家

サボテンは年老いた父の奇しき手で狂ったように花を咲かせる

中年の私の布団を掛け直す帰省の夜の老い母は母

あと幾夜こうして父母と過せるか両手の指に余るかそれは

郷に居て昔語りを記憶する父母の命のある今日、今に

アルバムの曾祖母の手は大きくて我が手のルーツ明らかとなる

快活な友はその母看取った様《さま》を笑みもて話すやつれていても

洗いたてのレースのカーテン陽を受けて世界と人と日々をいとおしむ

雨去って気がつけば花のそこここに溢れるさなか待ち望んだ日の

行く時は五分の桜も帰りには満開となり良き日は暮れる

百年の夜桜枝をうち拡げこの世の者を惑わせて立つ

土手坂を無事下り平地に来てころぶ人生に似ておかしさの湧く

遠い地の父母忘れた様にして日々過ごしゆく言い訳もせず

電話にて悲しい事のみ言う母を今日は諫める子に言う様に

野良猫ににゃあおと呼べば振り向いてにゃあおと応える何かは通ず

親ほどに大きい子等に休みなく餌《え》運ぶ燕をいつか励ます

仕事終え十頭身の影連れて尚も揚々家路を歩む

西の空茜の帯に明日という約束おもうは祈りにも似る

寝不足か涙のせいか今朝の目は痛むともかく昨夜の本で

涙して勧めた本を友はただひとことで言う天気言う様に

空想の友と遊ぶ癖未だ持つそれを不毛と言うな心よ

飛行機は次々飛び立つ子を乗せたらしい数機の無事を見送る

糧として食べるひとりの食卓に祖父母の元の子ら思い遣る

その昔暮らした西の友からの電話の訛りを遠く聞く夜

同窓の友のゆくえは知れずしてどの空の下二十年の後

秋風に鳩笛の声ホウホウと愁いをおびる子の息を得て

鳩笛は買ったばかりの子の手から落ちて割れゆく少しく啼いて

鶏一羽群につつかれ惑い居る校庭の隅の哀しき禽舎

しろうさぎ店のケージに子と見れば連れて帰ると決める他なし

啼くことを知らない兎、足立たぬ身体となって四年目に逝く

獣医師に安楽死のこと持ち出して叱られて帰る子の知らぬ間に

夜光る赤いガラスの目の兎、快も不快もその目は言わず

真夜中の兎目を開け何おもう草原を知らぬ籠の兎は

毎日の手当てをすれば兎ただ静かにその身わが手にゆだねる

その最期一、二秒なる苦しみの面相をして潰えた命

精巧な鏡

子に怒り言葉つのるも縺れれば不覚にも緩む両者口元

傷つける言葉は口に戻らずも癒す言葉も重ねられる口

今はもうごめんなさいは言えないと十四才は返信に書く

鏡見て髪気にする子よ美しく心も磨け善き人を見て

まだ恋を知らぬであろう娘《こ》も恋の準備はしげく眉などを抜く

戦いに共に破れて母と子は深夜に別の部屋にたおれ込む

成せば成ると子等に言うけどどれ程のものを見せるかこの母の背は

全力で投げる球その十分の一の思いでも受け止めよ子よ

母の非を娘は見逃さず反抗の形に表わす精巧な鏡

受験期に一喜五憂を身にまとう明るい所が取り得だった娘は

今日の娘はまだ幼くて学校で泣いたことなど逐一話す

人生の山の頂から谷底へ日々行き来する子は十四にて

大望を言う子をいさめつつ思う母の反対乗り越えて行けと

子のうたう夢は叶うという歌詞を訝りつつも共に口ずさむ

一日《ひとひ》ごと一歩をきざみ歩め子よ行きたい場所へ遠い道でも

夜冴えて消えない灯り娘の癖は母もそうして叱られたもの

言葉熱く綴った手紙を破く朝こころ移ろう花より早く

夜の紙に光る言葉も朝の陽に色を失う奇しき言の葉

追い求め掴んでもまた離れゆく追い続けよと言う先の道

苦しみに手を差しのべる偶然を神の業よと言えば安らぐ

主は与え主は取るという納得はゆかず「ヨブ記」を置いた若き日

神も陽も仏も死者も皆同じ祈る行為のみ私に係《かか》る

眠れぬ夜、聴いたテープはB面の2曲目のなか夢に入《い》らせる

繰り返し夢にみる道行く先にいつも到らず迷い違《たが》えて

空を飛ぶ夢は幼い頃に見た常の夢もう見ることはない

一寸とした謎を気にかけ三、四日解く手間延ばし今日も寝に就く

世の時は砂時計の砂落ちるかにさらさらさらと絶えず去りゆく

姿見に映る私は今日の私　気づかぬほどに一日《ひとひ》を刻む

束の間に落ちる夕陽に改めて思うは天を陽めぐる速さ

ひと時をかかわり合って行き過ぎた人たち想う冬の長夜に

暮れの夜のサイレンの響き他人事《ひとごと》の痛みも寒に冴えて身に沁む

酒の味わからぬことを人生の損と思える酔う人見れば

痛みにもじきに慣れゆくひび切れた手で洗い物その他諸々

誕生日祝いの包み解かれて虹色の紙リボンを散らす

夏休みひとり留守番した子連れ夕暮れを行く母心の為

母の手に今日手をつなぐ子でなくて離れの準備散歩にて知る

秋の朝悲しい夢に子のこめかみにつたう涙を夢よとぬぐう

大勢の組体操にただひとり追うは我が子よ目に焼きつけて

緊張と小さな誇りをないまぜてトラックの上子はバトン振る

持てるもの全て出し切り駆ける子等の誰彼となく見惚れるリレーは

子の手よりたどたどしくも剥かれ盛られる梨の甘さを至福と呼べる

洗濯の水に残ったどんぐりは遊ぶ子供の今日の名残りよ

今はまだ遊べや遊べ末の子よ暮れなずむまで限り知るまで

クリスマスイルミネーション施され枯木の枝もにわか輝く

駅前の人待ち顔をほんのりと照らすクリスマスイルミネーション

「サンタさんはお母さんなの？」と尋ねくる聖夜その目に涙うかべて

美しい絵本の中へ戻りゆくサンタクロースは子の現《うつつ》から

車中にて独り行くのが好きなのに道ゆずられて人に安らぐ

一泊の旅をとうとう許されて掃除もしたよと電話の子の声

浅黒く瞳大きな旅のひと東慶寺にて笑み擦れちがう

行きずりに微笑みかわす人のいて淡い縁さえ土産のひとつ

絵手紙の先生上手いとは言わず良い良いと言うが良いも得難い

絵手紙の下手が良いとは言うけれど選り貼られるはおおよそ上手い

常識の枠はみ出すのを怖れるか「大きく描いて」と言われる絵手紙

春雨の降る音を側に聞きたくて窓開けてみるアパートの部屋

パステルの色装って春山は再生の日の歓喜にざわめく

友と行く楽しいはずの行楽を雨は流して若葉うるおす

あそこにもここにも行こうと言うばかり実現一割友とのプラン

牡丹園、見事と聞いて見に行けば盛りは過ぎてちらほらと咲く

今日もまた世は事もなし夜の田に蛙の唱和果てなく響く

永遠にこの様に世は続きゆくと蛙の声を訳す春宵

その花をノイバラと知る帰り来て　散歩の途中ノイバラに遇《あ》う

塀の外こぼれる緋《あか》に誘われてあの日盗んだ一輪の薔薇を

友のくれたローズマリーに鼻うずめああ幸せと言えば子笑う

山椒の実子らに噛ませて様子みるいたずら心と遊ぶ夕暮れ

子はテレビゲームに遊ぶ　夕暮れにともない終わる遊び忘れて

赤マンマどうぞお上りくださいと日々祝いせしあの庭先に

枕辺に聴くは虫の音秋くると確かに告げる酷暑の夜に

し残した線香花火またたかせ子の夏休みポトリと終わる

うたた寝のテーブルの上とらえ得ぬ淡い夢見る九月の宵に

夕暮れに寝てはならないその夢に魔はしのび込み去りゆかぬから

教室で流行る指遊び教えられ遣るたび負けて子を喜ばす

子の誘うしりとり負けるはずもない長い道の途、多くを知って

自閉の子運動会に独りおれば声かけ過ぎる子時折はある

独りきりの世界を抱く子団体の競技の外に空と会話する

花や実を子と集めつつ野路を行く秋の習いももう喜ばれず

めずらしいニッキ根もらい喜んで子らに噛ませばふーんと言い去る

子の憂い面談で知る教師より装う子なれば母は気づかず

死にたいと幾度か思ったある日子は死にゆくドラマ見た後《のち》に言う

いつの間に憂い滲ませ末の子も凪の静けさ思春期前夜

永遠って怖いと十二の子が言えばそうだねと返すただそうだねと

子に合わすチャンネル歌はつぎつぎと覚える間もなくもう消えてゆく

帰り来て鼻歌うたう子の声にその良き日おもう秋刀魚焼きつつ

楽しげに夢に笑った子になぜと朝に問うても何も覚えず

栗の実のおよそ厳重なる構え拒んだ末にも食われる運命《さだめ》

十月がはや駆けり去るそそくさと木の葉もこの身も削りゆきつつ

同僚の今日も同じく過ぎたとの声聞く暮色のロッカールーム

芋買えば尚芋届く柿買えば更にも届く豊穣の秋《とき》

街路樹の赤と黄色が交差する一点に待つ信号の青

裏切って満たす手腕の結末の創る楽しさ観る楽しさよ

感動のドラマのあとの放心は淋しくもある小さな自分に

人間は夢みる動物、幸せな終わりと分かる映画に遊ぶ

一本の映画の最後作品にかかわった人の多し名連ねる

「メロディー」という歌聴いてふと泣ける不思議よ歌は心そのもの

新しい人現われて恋を歌う「オートマティック」恋の不変を

ラジオから今日も流れる歌声の「ＴＵＮＡＭＩ」サザンは恒星となる

愛誓う詞のリフレイン愛遂げる稀有《けう》も切ない「らいおんハート」

好きだった昔の歌を今聴けば淋しい調べ淋しい頃の

嫌な事あった日せめて笑ってよブラウン管の中の人等は

コンサートの帰路満ち足りた心抱き夜の列車と余韻に揺られる

恋なんてミケランジェロの絵の中の青年にさえしてしまえるの

恋はただ欲望にして真実と嘘のあわいに在るような君

夢で見た恋よ心は若い日のままに見つめる歳若い人を

特攻の数多遺影は居並んでいつどこで死すとのみ記される

端正な遺書の字にある特攻隊志願は母の否むを押してと

寝しなごと本読み聞かせた娘は長じ活字ぎらいとなって夜遊ぶ

母を見る眼冷やかな娘の中にマグマのような衝動がある

「なんとなく」「みんなやるから」「したいから」悲しませても娘の説明は

校則に抗い着くずす制服の着くずし方もみんなと同じ

代償を引き受ける気でやれば良い多くの事を泣かせる事をも

遣り場ない心鎮めに夜歩きあてなく帰る臨界の家

運転の軽い興奮、冷静を保つ意識を治療法とする

そうならぬようにようにと育てきてことごとくなる十六の娘は

真夜中の窓ぬけ出して行く娘、待つ母を思う余地ない身軽で

夜の床で閉じた瞼より幾すじも涙はつたう帰らぬ娘ゆえ

ひしがれて泣き伏す身にも指先に脈とうとうと打つ生きているよと

一日を泣いた翌朝欠勤の事由の嘘を上司は許す

いつもいつも微笑んでいるポートレートの今日の慰め今日の戒め

親不孝娘が親になってみて泣いて負う我がままならぬこと

産卵を終えては果てる虫などを羨む時も無きにしもあらず

玉ねぎに思う存分泣いてみる玉ねぎ以上のものを思って

子育てを諫めもせずに相談員は具体策言う短かい電話で

「寛容と慈悲」縁の無いコリントの一節かざる娘の反乱に

添寝して聞かせた本を久々に開けばページに至福は滲む

死者の様に胸に手を組み寝入る癖今日を葬る安らかな形

悩みなど置いて陽の中人と行く桜並木言うそれでいいよと

淋しさとすがしさは同じ諦めの母の胎より生まれ出た子ら

はぐれない為に手つなぐ娘の心ふいに近づくディズニーランドで

マッチ棒みたいな東京スカイツリーふんばらなくて良い時もある

肩抱《いだ》き詫びれば涙ぽろぽろとこぼす娘よまた歩き直そう

公園の片隅にあった首吊の児の弔いの花も消えゆく

恋する心恋しない心

献立も浮かばなくなる夏盛り哀れむように蜩は啼く

一生に献立いくど考えて悩むか長い長い一生

食べないで生きられればとふと思う私の中の弱い部分は

悲惨さに途中で閉じた「夜と霧」二十年経て夏読み終える

過ぎゆくを惜しむも安堵も半ばして不可思議な時夏の終わりは

憧れて買った浴衣もあで姿見せたい人の無くて眠れる

肉体の中に諸々の臓器あり検査結果を待てばうごめく

ニュースでは今日の事件が昨日のを忘れさす日々二〇〇〇年の世は

花などを呑気にうたうも憚られる　今の世も花は美しいのに

手に負えぬもの作り出す人間の欲の深さよ知恵浅くして

人の手の危うさもって核やらのボタンひとつを守るなどとは

抑止という名目の原子爆弾が世界を滅する日を待っている

千の鈴振るような虫の声、命の賛歌と聞こえる儚いゆえの

鳴き暮らす虫よ命は限りある愛するべきとひたすらに言う

台風はそれて静かな朝を見て拍子ぬけする何とはなしに

平穏で良いのかという声はしてウツの谷間に低く木霊する

唐突に咲く曼珠沙華その紅《あか》に連なる日々を疑ってみる

もみじ葉は澄んだ空気に紅《くれない》の色深めゆく泣きたいほどに

旅を行く夢を見させて観光の案内広告くずかごに行く

絵で見たと同じ輪を見るレンズ越し星座教室土星はこれと

ときめいてレンズ覗けば仄光るアンドロメダは名に似合わずに

星求め遠く山中《やまなか》行くという中年男のひそやかな熱

露地に寝て獅子座流星群を見る三人で十個ほど指さしながら

あっという間に消えてゆく流星に願い事もう追いつきはせぬ

尖る娘も共に並んで星を見る星が我等を真砂《まさご》に変える

ストーブを点けて今日より冬となり赫い火しばらくじっと見つめる

強がりははにかむ顔の一瞬を私に残しまた話しだす

突然に秘密持たされときめきと困惑の量指にこぼれる

アンテナはあなたひとりにただ向かう皆と話して笑っていても

伝えたい好きのひとこと言えなくて逆を言っては感受性研ぐ

目が好きと告げてしまっているきっと臆病な胸とさも裏腹に

好きですと言ってしまえば終わる恋卵のように怖々と持つ

引きつけては突き放してみる気紛れの手にかかるなよ上手を行けよ

チョコレート上げそびれては二、三日持ってとうとうエイヤッと食べる

ドラマでは街角で遭う偶然も必然もなく想い消えゆく

仰ぐごと姿を変える月の様な恋するこころ今日は三日月

満ち足りぬ想いは曇る空に似るいっそ雨降れこの身を打てよ

明けに見た甘やかな夢の筋書きは思い出されず白日に散る

冬空にまたたく星の光年の孤独と響き合うこの孤独

努めても変え得ぬものは空模様、恋する心恋しない心

春花壇模した弁当子に作り母のそれにも花の端ちらす

図書館に夏の宿題付き合って本の谷間でひとりに還る

後追いの泣き顔が今も忘られぬ子はこの夏休み母の背を越す

誰に似たものかは知れず脚長く伸びた子見上ぐ秋の庭園

しんしんと冷える夜も良い親も子も仔犬のように暖に集えば

バレンタインチョコを作って娘は母に味見とくれる愛のかけらを

映画みて泣いた場面を言いあえばわずかに違う母娘三人

ただ声を聞きたかったと言い黙す受話器の向こう秋は深まる

鳴ってすぐ切れる電話にためらいでなければと思う淋しい人の

言葉無く向かい合い見るグラス越しのそれぞれの秋、内なる景色

すれ違う心と心　笹舟のふたつ川面に離れゆくように

かけがえのない人になる幸おもう共に白髪の添う背を見れば

昼休み今日はひとりになりたくて行けば誰《たれ》かも湖畔に休む

海に似た霞ヶ浦もさざ波の音は聞こえず潮の香もなし

星の無い夜カタログの夢そして片恋君はそこに居るのに

安心を求めて逢えば不安増す私の薔薇はより紅いから

数を経て終わりあるのを知る恋も苦しさ紛らす術は覚えず

君を好きになって逞しい手が好きになる繊細な手が好みだったのに

求めずにおれない渇き何得れば癒えるか空に綺羅星は遠い

生きている証得るように求め合い求めて刹那天に手届く

目を瞑り心の中でほんとうに好きな名を呼ぶ嘘の極みに

覚めてなお腕に残った感覚が忘れさせないその胸巾を
縁石を踏みはずさぬよう歩き出す願い事ふと思い出しては
愛すべき人はこの世にまれに在る神を感ずる縁《よすが》のように
この光瞬く間なか時止めてみたいと思う貴方の時も
日は暮れて車窓に映る東京の夜は儚い宝石を撒く
ビルはビル、タワーはタワーをかたどって煌き放つ夜の都会は
夏の夜の車窓に揺れる人々の声も眠りも暗闇を負う

アルバムをめくり昔と言う子らの昔は母のつい此間《こないだ》の日々

また流行る貝のかけらのネックレス母のはどこへ行ったのだろか

簡単に聞こえる歌をうたおうとしては躓くもう何日も

秋の夜の夢は優しい言えなくて胸にしまった好きですを告げた

十年の後《のち》を描けぬほど遠く思えた若い日、今は掌中

おおかたの期待ははずれ天《そら》見ればまあるい月が清かに笑う

満月にリセットをして帰りくる周《めぐ》り周ってここに戻って

三日月の形になって落ちる爪その未練残さぬ指の涼しさ

愛を言えば偽物めくし秋の田の美穂よ私も手のみ尽くそう

秋空に母の白髪思わせる雲の波立つさざ波の立つ

懐かしい電話の声に喜んで話しつつ探すその人の名を

悩めると思える友にさりげなく写真集渡す澄んだ景色の

半袖の小学生が自転車で傍《わき》駆けぬける今日は立冬

薄紙の花にさも似て山茶花は誰かが付けて行った様に咲く

庭を得て

母の手を引いて歩けばその昔その手の全き日々思い出す

ひとしきり笑った後に涙浮く呆けた母のその言い草に

一年に一度の便りとなる賀状、友らの岐路もひとことで言う

捨て難い本はこのごろ少なくていつか古色になりゆく書架は

ヒュウルルと春の嵐の哭く空を地にただひとり在るように聞く

荒れ果てた小さな庭を得て今日も玩具を手にしたように草ぬく

北側の庭と呼ぶのはとなり家の美しき庭、紫木蓮咲く

春の夜に娘が拾いきて愛敬に負けて飼い初む仔犬のハルを

出迎えの狂喜乱舞よ仔犬という真すぐな者庭先に待つ

おだやかに話しかければ首かしげ犬は見返す意味問うように

可愛いねお散歩上手になったねとハルは行く道々声かけられて

順番を違えず咲いてジンチョウゲ、サクラ、ツツジと春移りゆく

見逃した青虫なのかひらひらとモンシロチョウが小庭を廻《めぐ》る

朝まだきピースピースと鳴く鳥の示唆あり初夏の今日の楽観

葉緑にうもれる家に住む人の姿は見えずいつ通っても

鼻先に百合の花粉がついている庭仕事済み鏡のぞけば

山梔子《くちなし》はそぼ降る雨に俯いてひとり至福の夢をみている

燃える陽にノウゼンカズラは闇孕むポトリ花首土に落として

炎天にもの皆影は消え失せてわずかに暗い樹の根元のみ

亡き友よ貴方にもらった蔦が今増えて我家を囲んでいます

談笑のさなかにふいに思い出す笑顔の人の今は亡きこと

旅に誘うメール残して早ひとり帰らぬ旅に友は発ちたり

秋の旅に出かけませんか　今は亡き友のメールが今年も誘う

会う数と別れの数が同じなら友は少なく持つが良きかな

窓からの月の光に照らされて眠れば淋しい夢ひとつ見る

星の無い夜は淋しい有ればまた限りは知れず淋しいけれど

感傷を書き足してはまた塗りつぶす秋のペン先　細き虫の音

晩秋の虫の音よ息絶えるまで鳴こうというか途切れ途切れて

冴えざえと星降る下に虫の音のか細く今に絶えなんとする

掴みそこねた思いのかけら忘れゆき忘れたことさえ忘れゆくかな

似たようなピースだけれど嵌らないうたのパズルの五文字の迷宮

単純なようで複雑逆もまた真なりやがてうたた寝の漠

いつ知れず深く寝入って夜半覚める手つかずの洗い物が待っている

ストーリーテラーになれそな凄い夢さめてたどれば何ただの夢

木枯しの冬に夢みる夏の庭　小オプティミストよ園芸家とは

向うから同じ顔した母娘来る歳月の記した差のみをもって

華やかな迷路そごうの私の来た出入口はさてどこでしょう

セロテープの類がいくつも並んでて必要なそれ選ぶも難し

買うことを迷ってやめた画集あり古書店の棚に在るや今まだ

気に入りのカップは欠けて棚の奥　帰らぬ時は捨てたいものを

雨上がりの散歩にどろんこハリーとなって帰ったハルの鼻息ひとつ

真白な令嬢と出合い友情を示すもすげなく去られるハルは

縁側の内と外とで昼寝する君との距離は2メートルなり

屍に喜々としその身をすりつけてリードの先の獣めく犬

犬だって躾ることは難しい半端な愛は嗅げども食わぬ

面倒はみるからと言って拾い来て犬を残して家出てゆきぬ

まっしぐらであったと思う笑えるね散歩の綱引く駄犬のようだ

老いのホーム

荷はわずか数枚の服と布団、杖、古い写真を持って入り来る
買うものを忘れ齢《よわい》を忘れ子の名さえ忘れて家を後にす
歳問えば二十歳と答う九十のひと愛らしい表情をして
今朝もまた仕舞った場所は忘られて盗られたものを数え上げいる
どうしてと迷子のようにつぶやける老いは今ある身を訝って

夕刻になれば「帰る」を繰り返す老いのホームはどこにも無くて

霧の中をさ迷うように確かなるもの求めては諦める夜

時に霧が晴れたかのように澄んだ目でめんどうかけてすみませんと言う

眠らない女《ひと》のかたわら寝たふりをすれば自分の布団を呉れる

つかみ得ぬ言の葉たちにため息で目を閉じる人、失語の森で

今日は風が強いですねと幾たびも話しかけくる窓際の席に

隣り合い食事介助をしつつ食べ食後は常の思い出を聴く

気の重い夜勤におもう明けぬ夜は無いし命を取られもしない
修羅も住むこの家あなたは戦える己《おのれ》と私の影に対して
暴言のしばらく後に訪えばさっきはごめんといつになく言う
ただ歩く歩いて歩いてつんのめる山を行くのが好きだった人
気に入られ車を買ってあげるっていつも言い来るあなたは男
忘れゆく人たちの住むこの家のテーブルの上に溢れる光
ありがとうの言葉で全て赦しいる氷河はやがて水源となる

悲しさを呑み込むように

お嬢様風ワンピース買い来れど娘ら二人とも着てはくれずに

進学はしない家出て働くと言って次々巣立ってゆきぬ

家出ても母が淋しくならぬよう犬を拾って置いてゆきしかな

唐突に親に追われて独り生くあざやかなりし野生の離れ

独りとは全くの自由セレンゲティーに住むのも自由と思えば楽し

老い母を訪ねてひとときを過しては電車乗り継ぎ春秋を見る

父母とのきっと最後の旅となる一族集う箱根行きかな

父母より生《あ》れし一族はどこかしら似る所あり旋毛《つむじ》や質《たち》や

嫌《や》な指の形が似たと娘は言えり私も母に言いたしそれを

突然に母は逝きたり八月の夕べの職場に知らせ入って

駆けつけた私を待たず目を閉じた名を忘れても笑みくれたのに

弔いの雑多な事がら残された人の悲しみ紛らす行為

子が伏して神に対して怒り沸けば笑っていてねとその娘は言えり

病室の我が娘も泣くか今頃は　ふたり微笑み別れ来たけれど

病室が現実ならば帰途に見る街路樹の紅《あか》は美しき夢

苦しくて星の声聴く星はただ瞬いて哭く同胞《はらから》のように

悲しみのさ中に食べる食べられることの悲しさ呑み込むように

耐え難き事ひとつそしてまたひとつ受け入れてなお笑まう人とは

神様に選ばれし娘よ病にもその先の深き幸にもきっと

淡雪のような花びら敷きつめて子供のいない第二公園

出逢うため生まれてきたと云える様な人を知らずに花育ており

母の亡き今年の雨に濡れそぼつ庭の紫陽花ただただ美し

今は亡き母を思わす入居者のか細い指に髪撫ぜられる

音止めば夜更けのコインランドリー見知らぬ男と無に向き合えり

抗えぬそのただ中に人はいて流され潰され消えてゆきにけり

大切な人を亡くして喘ぎいるこころに届く言葉を知らず

道端《みちはし》に子供の靴の片っぽが落ちている秋は深まってゆく

この本にめぐり逢う為ふらふらと店に入りしか抱えて帰る

胸底に棲む人と歳も隔って立ち現われる日は稀となる

となり家の万年風鈴カラカラと乾いて鳴れる冬の夕暮れ

若き日にいつも通《とお》った公園のよそよそしくも小綺麗となる

父親似がコンプレックスその我にそっくりですねと職員は言う

面会のたび衰える父がいて今日は私を姉さんと呼ぶ

父は今死にゆくことの難しさ教えくれいる苦しみながら

父母は逝きてこの世に我をただ、ただいとおしむ人無くなりぬ

夕飯の支度しながら物語る母の傍《かたえ》に我育ちたり

悲しげな抑揚つけてうたう母のあの唄をいま我はうたえず

幼き日父の後ろに付いて行った散歩、野道をふたり黙して

玄関に飛んで迎えた我、父の満面の笑み日々見るために

葛藤も多々ありし父、母のその長き老後は赦しの時間

私の王国

海の中魚の腹に溜まりゆくプラスチックの果ての永遠

どこから来てどこへ行くのと製品に問うてみる地を穢さぬように

うたた寝のひとときをさて無きようにすっと立っては始める続き

うたた寝の時間をきっと誤魔化しているでしょ時計駆け足をして

真夜中の 11：11 キッチンの時計が発するほらテレパシー

この深夜ひとつ灯りの下に居て音無き音を聴いている人

もう恋はしない私にあの時と同じ光《おんな》、冬のオリオン

「君が好き」まぶしいほどの陽は翳りある日こう言う「好きだった」って

悔いは悔いだとしてもまたそのようにするでしょう時を戻せたとしても

嫉妬したり羨んだりはもうしない歳を重ねることも宜しい

夕暮れに道を違えて迷い行く　そしらぬ顔の町の灯

落とし物がかえり来りて年の瀬の逸《はや》るひと日を明るく照らす

出掛けたいでも出たくない陽春に我を引き裂くミクロの花粉

花粉降るふるるふるるふるるふるるふるると憎まれっ子も大事な息子

痒い目をこすっては駄目それなのにああ一度だけってたいがい負ける

目ん玉を取り出しお湯で洗いたい春の風呂場でまず思うこと

「お風呂が沸きました」風呂に言われて入る風呂他にも二、三言葉知ってる

湯舟には良いアイデアが浮かんでるポカリポカリと柚子浮くように

回復を待って暮した三月《みつき》ほどモンドリアン風画面のテレビ

鉢植えのパンジーの顔、顔顔が我を迎える冬玄関で

冬枯れの庭の樹の枝に息ひそめでも紛れなく時待つ冬芽

春来れば地面盛り上げ動き出すモグラも庭の一員らしい

あまたあるバラの種類をカタログに選んで迎えたジプシーボーイ

オベリスクの先に枝葉を導いてにわか庭師も理想を持てる

バラの葉の縁のギザギザその先のひとつひとつに露ひかる朝

庭という私の王国栄えあれと声かけ廻るミミズの子にも

球根は植えたとおりに芽を出して蕾を抱くそのふところに

球根は律儀なるかな半年も前の約束果たして咲けり

チューリップ幼き人のクレヨンにまず描かれる形にて咲く

次々と咲いては歓喜をうたい出す五月の花壇の合唱隊は

花の名を訊いても知らぬと言いながら育てたそれを呉れる人あり

名の知れぬ花を貰って漸くに名をつきとめて呼ぶベロニカと

我が庭に蜥蜴なん匹棲むのやら姿はすぐに草陰に消ゆ

巨大なるまだら模様のなめくじに悲鳴をあげて塩取りに行く

軒下に足長蜂が巣をつくり日々すれちがう心許して

虫たちの頭に益やら害を付け私は独裁者だとも言える

窓に映る葉みどりは初夏のカーテンとなってゆられる南の風に

朝顔の蔓に意志ありどこまでも登ってゆくの限りなど知りはしないの

草取りの出来ない理由《わけ》が見つかっていそいそと行く車に乗って

飛び方のつたない鳥にブレーキをふめば親鳥現われて添う

階段を駆け上りたい時がある溢れるものがあるらしくって

心軽く跳ねている日は体重も軽くあるはず2、3キロほど

友と行く珍道中は迷う道ふり出す雨も笑える理由

真夜中のドーナツ罪を引受けて胃の腑へ落ちる赦し給えよ

真夜中に悪魔が来りて槍で突く何のたたりか右上奥歯

春の朝レム睡眠にしのび込むスタアによく似た飛んだ恋人

あこがれの君と出合うもすっぴんで夢は希望と失意のあわい

喪失

確証もなく繰り返す「大丈夫」正しくは祈り　君を想って

訃報という悲しき便り受けてただ彼の日の笑み、声、浮かんで来たり

喪失にわしづかみされ喘ぐ胸　君亡きことを受け入れられず

君は逝き君の全てを連れてゆく声も想いも先のストーリーも

あの時はどう思ったの訊く術はもうない空に問いかけるだけ

この空の上から私を見ていると思わねば耐えられぬ永別

夢のなか家を訪いくれた人はもう夢でしか逢えない人よ

再会を喜ぶ我に君はただ静かに笑まう晩秋の夢

少しずつ亡くし無くして秋の夜にひとり目を閉づただ眠るため

百頭の蝶が羽ばたく眠れない夜に閉じたる瞼の裏に

雨の音を聴きつつ床に入る夜は夢に逢いたき人思わるる

目覚めると薄明りの窓その下の人形の顔の微笑は見えず

夢に居た母が覚めては亡きことに気づいて泣ける幼のように

母亡くしやがて十年思い出の海辺に美しい貝拾ってる

朝ごとに遺影の母は微笑んで葛藤の日を帳消しにする

（友の代わりに詠む）

駆けぬけるように逝きたりあの人は最後に私を「さん」付けで呼び

君のない朝の食卓淋しくてここに居るよと言って背《せな》から

老い犬の足どり

ハルちゃんは散歩をせがむ癖もなく哀れいついつまでも待ち居る

老い犬の散歩の足どりゆらゆらとふわふわとして雲ふむごとし

老いてなおリードの先をゆく犬はやさしくてまた気の強い質《たち》

老い犬はしばし足止め行き先を考えている風を聴きつつ

耳遠く目白くかすむ我が犬は秋風に立ち息づいており

老い犬の足の向くまま歩きおり行くも止まるも返すも行くも

老い犬に歩調合わせば月に住むうさぎの姿くっきりと見ゆ

犬連れて連れられてゆく夜の散歩われのみ見上ぐ上弦の月

どこまでも歩いた足は私にももうない時のふり積む小路

越してきた犬が吠えくるここは我が縄張りぞよと言ってやれハル

泥棒を追いはらうことはもうしない家宝を待っている我が犬は

長針と短針ほどの差異はない君との時を駆けぬけにけり

息づくいのち

困難な時代に生まれ来ることを選んだ君の高き産声

一粒の種にぎりしめ生《あ》れきたる　その一粒を希望と呼べる

かたわらに息づく命どこからか来りてここにいのち息づく

うっとりと見飽かず眺むみどり児の寝顔は未だ人にあらざり

み仏の顔にも見えて眠りいるみどり児の顔さても見飽かず

空《くう》を見て笑む赤ん坊のその笑みの向かうところに神は在るかも

どこまでも守ろうとして荒海に乗り出す船を壊さんとする

干渉と愛の境がわからない　しかしもう子を手離すが良い

泪雨のふる冬の午後ようやっとシンクに溜った食器を洗う

マーマレードに半日捧ぐマーマレードは良いんじゃないのと甘くつぶやく

気に入りの石鹸が今日も店に無いそれだって悲しみの在り方

愛《いつく》しみ育てた日々はこの母の眠りを包む腐葉土となる
祈るのは自分以外のことだった自分の力を信じていた日
愛し子を抱いてさ迷う小さくてとっても重い眠る愛し子

病みがちになり家の中に入れたれどいつも窓向く外犬の君
犬の咳ひと晩聞こゆ咳というにはあまりにも微かなる声
絶え絶えと息づく命その中に立つ夢みるや足震わせて

食べられず立てぬ半月、娘は側に看たりあの時拾いし娘はも

神仏を必要とせぬその命、苦しみをただ苦しみと受けて

この家に生きて動いて暖かい体温を持つ、いのち消えたり

きつね色の毛並み撫ぜれば早春の空気とおなじ冷たき体

もう今日に死んでしまいと言ったその夜更けに逝きぬ我が老い犬は

夜半目覚め眠れないのは君のいた場所に今ある静寂のせい

犬のため植えた葛《かずら》や茱萸《ぐみ》の木は屋根に届いて犬は死にたり

いないいないバァー繰り返す婆のため少し声出し笑ってくれる

その背にはもしや翼が生えている？　ベビードレスの白まぶしくて

五日見ぬその間にまたも出来ることの増えて赤子の今日は這い這い

泣くのならそんなに見なくていいじゃないまじまじと見て人見知りの子

音楽を持って生まれ来、歌きけばつかまり立ちのお尻は跳ねて

日々出来ることが増えゆく赤ん坊の無敵なるかなこの家の中

その中で眠気と食い気が戦って泣き泣き食べる妙な生き物

液状がクリーム状になったのにまだ許されぬアイスクリーム

バナナこそこの世で一番おいしいときっとそう言う喋れたならば

喋り出す人形こわいとベソをかく仲良くしたい人形だけれど

ポロポロとすぐにこぼれるその涙まだ悲しみの涙ではない

悲しみの涙はやがて流れくる失うことを知ったその日に

部屋を出て大地の上を歩み出す　その道の先行方《ゆくえ》知らねど

小さき者のうしろ頭につい見惚る髪の揃わぬ一歳《ひとつ》や犬の

庭先に出迎えの犬のなきことを帰宅のたびに思い知るかな

犬の居た落葉樹の下、一年が過ぎて小鳥の餌台を置く

散歩する小柄な茶毛に出合うたび、あっハルだって目で追っている

立ち止まりきれいな庭を覗くのも今は憚る犬を亡くして

おたがいの犬を亡くしてその人と道で会っても会釈にて過ぐ

今は夜の散歩にでかける口実がないゆっくりと月見たくとも

あの空のまあるい月にいつまでも兎の住むと見上げたきかな

雷鳴が耳をつんざくその場所に伏せていた犬澄んだ目をして
雷が怖くないのと訊いたっけ伏せれば過ぎると言うようだった

⋯⋯⋯⋯⋯

機嫌よくグジュバジュグジュバジュ話してる「ママ」の一語も発しないのに
たくさんの言葉を今はおもちゃ箱に溜め込んでいる溢れ出すまで
一歳が私を試すクマの絵のコップの水をわざとこぼして
右足を穿かそうとすればみぎあしを出し次ひだりと酌み取る一歳《ひとつ》

つなぐ手をすぐにほどいて横道へはや我が道を進む君なり

アンパンマンカレーの箱を手渡せばもうそれ以外目に入らない

保育所より持ちかえりくるウイルスのあれやこれやで洟垂れ止まぬ

熱引けば咳込みながらも遊びだす　さも惜しみなく遊べる命

戯《おど》けたる叔父に喜び戯け止まぬ　限り無き輪に陥るふたり

保育所の皆と2番まで踊り終えすぐ駆け戻るパパの元へと

幼な児の時よ止まれと思いたるそのカタコトや仕草のままに

二歳《ふたとせ》の祝いのケーキのろうそくをまだ吹き消せぬ小さな息は

大好きな苺得るのに命がけみたいな泣き方、苺手にする

あれは嫌《や》だこれは嫌《や》だってブルドーザーで道ひらきゆくこのイヤイヤ期

指吸いでできた右手のタコを避け左の親指吸ってみている

おくれ毛を直しやる手は慈しむ母のその手となりし吾子の手

保育所のお散歩の列ひよこ等が進んだ距離はまだ垣ひとつ

それぞれのカタコトで会話するふたり階段一段目に腰かけて

拙きを抱く

新体操のリボンの軌跡に美しい方程式が隠されている
恍惚の表情たゆたう腕《かいな》、指、遠い世界に在るピアニスト
数秒の放心のあと帰り来て立ちあがり笑むピアノの横に
葉の上に落ちて転がる露のようなモーツァルトのピアノの音色
天地《あめつち》を人を歌ってヴィヴァルディ生きているって素晴らしいこと

作品の全てが強く美しく悲しくてバッハ神は在るはず

天国に導かれるに違いないフォーレの祈りそのレクイエム

ユーミンが懐メロになり気がつけば流れる大河の全貌が見える

懐しい歌が聞こえて甦る涙にくれた日々さえ甘く

あんなにも恋愛ドラマに泣けたのに今や目のゴミさえも流せず

その録画再生すれば早々に眠りに落ちる何度やっても

笑わせて長年続いた番組の最終回も演者明るし

くずおれた花瓶の花もそのままに帰ってまた出る勤め人なり

働いた対価で暮らすもくたびれて南の島の写真集を開く

宇宙より神秘なるかなすぐそこに在っても覗けぬ混沌、こころ

腹立ちのあと猛烈に腹が空き生きているって切に思えり

颯爽と退職願い出せたならどんなに愉快かある夜に思う

泣き寝入りしたとてせめて夢も見ず眠れるようにあれよ寝床は

次の世は職人となり手仕事を独り極めて生きてゆきたし

先生の止まぬ説教王様は裸と告げる子供になりたい

経験を充分積んだ高校生が抗議している教師に夢で

直してもすぐ外を向く癖っ毛のような私の抗う心

スーパーのおやつ売場を素通りす健康診断まであと二週間

洗面器の水に垢浮く日々生まれ捨てゆく私の新しき今日

健診を終えて漸く甘菓子を買って帰ってすぐ食べにけり

一通のメールが我をとどめたり職辞すること恨み抱くこと

延々と話がはずむ老いふたり盗られ妄想増殖しゆく

その場所の空席に誰も気づかない亡くなったとは誰も言わない

この家に安らぐ場所は無かったか三月ほど住み病院に死す

夜勤にてたびたびおこる幻聴の扉あく音、歩行器の音

真夜中に古びた冷蔵庫が笑うカラカラカラと空《から》元気出し

またも来る眠らぬ人の胸の奥の荒野に花を一輪託す

かすかなる上下動あり老いの腹　絶ゆるも難し命なりけり

手かければサンキューベリマッチという老いの明るさに我ら救われている

この場所に暮らせることは幸せなことなんて言う　半分は嘘

優しさがすり減ってゆく間《はざま》にて職を辞そうと思うこのごろ

その主張、美しすぎやしませんか　ちゃんと汚れた場所に居ますか

糞尿の肥しとなってこの場所に美しき花咲かせよ朝《あした》

通勤の路の途中に横たわる軀《むくろ》の猫の断たれた野望

痛む背に湿布が上手く貼れぬ時ひとり身憂うそんな時だけ

傷心を憐れむように生まれくる歌ありてその拙きを抱く

かたわらのチラシの裏に書きつけるチラシ拒まぬ拙き歌も

どんぐりのどちらにしようかなと言って決めかねる歌の小さきどんぐり

アマビエという妖怪現わる今にして　祈るしかない人らの前に

マスクせぬ自由などとは言い出さぬこの国の人ペコちゃんもする

万華鏡の中まわされる色片《しきへん》になって眩く高熱の夜

いつ行くと旅行鞄は訊いてくるクローゼットの中で久しく

時ははや休暇の終わり忘れ物探し出せぬまま制服を着る

仕事終え門扉を出れば夕闇に白鷺は立つ恋人のように

郵便受けに不在連絡表ありて留守見計らい来るようである

生き甲斐の約半分を占めるかな心待ちにす連ドラのつづき

真夜中に突然落ちるフックありかかえきれぬもの抱いていたらし

壁に掛けたシャガールの絵が傾いているのに気づく休日の午後

少しばかり傾いたってシャガールはもともと浮んでいるのですから

偶然と呼ぶには不思議が重なって亡き者の影を想う八月

帰り来よと盆の入りには灯をともし迎う人あり蓮田の道を

負け決まり泣いているやら爽やかな笑み見せるやら高校球児

年に一度私が忘れている時も荷物が届くリボンを付けて

蜩《ひぐらし》が哀しい声で鳴くころに生まれて疎みきれない夏を

ファミレスの配膳ロボット去る時に手をふり送る向うの人も

ロボットの犬さえ愛すそれほどに愛は溢れる人の回路に

秋海棠、秋が来るのをもうとうに知っていたらし裏庭に咲く

秋風が吹き生きかえる蔓ばらの葉も雑草もわが決心も

痩せ我慢して善い人になった後すずしい風に吹かれていたり

愛らしい小菊の鉢を去年買い庭に植えれば身の丈を越す

にこやかに荷物手渡し駆けてまた車に戻る宅配の人

大陸に生れたる風の終着点はわが庭の前、枯葉は溜まる

松毬《かさ》がポトリと落ちるようにして猫が落ちくる塀の上から

知らないで済めば良かった遠い地の戦火の町の名の数々を

うららかな光をあびて花を摘む　現なるや爆撃のない庭

毎夜毎夜テレビニュースは悲しみの多くと少しの喜び伝う

さあ次のニュースはこちらですそして俄に笑み見せ悲劇は去りぬ

荒れ狂う川、耐えきれぬ山ありて　美しい地に久しく住めど

瞬間に潰えることもある命、神様のクジ引きに当って

コイン投げ決めるみたいに運命は幸と不幸を振り分けてゆく

引き返すという選択はない人間は突き進むだけ未《ま》だ見ぬ場所へ

美しく青き地球の命なす其のふところに試される人

楽観の味方しているそうせねば負けそうになる楽観である

里芋の真紅のケロイド剥きながら薔薇咲く夏を想っていたり

北風と春の光と鳥の声　時が止まったようのこの野辺

庭先に古木の梅が咲いている真っ先にさも手本のように

早春の庭に俯き咲く花をひとつ手折りて招き入れたる

如月《きさらぎ》にこれなにこれなにこれなにと終日問うは明るき瞳

その瞳、翳らぬように生れきたること喜べる未来であれよ

ピアニッシモで始まる楽章、早春はドラムの音が微かに鳴って

さあ起きて耳もとでそう囁いて千草を起こす三月の雨

水仙がかすかにゆれて雨がまた降ってきそうな長き真昼間

今は春、それと知らない人たちに出掛けに摘んだ水仙を見す

いたいけな我が子が母を赦しいる咎が招くか春朝の夢

腰かがめ土たがやせば自ずから祈る形となって弥生《いやおい》

新しき命を迎えたる家と送らんとする家、隣りて陽受く

荷を解けば花びら一枚出できたり桜吹雪の下を帰って

地の上にさくら花びら舞い落ちて印象派の絵の描点となる

音もなく雨ふりそそぐ春の庭にツツジにアヤメ、犬の墓石に

父が植え母が好んだ花が今わが庭に咲く都忘れて

ああ緑それは歌舞伎の早替わりみたいな技だ桜は緑

あとがき

この本に収めた歌たちは私の三十代後半から六十代後半にかけての約三十年間に書きためたものです。時代は平成の初期から令和の初期にかけて、二十世紀から二十一世紀へと世紀を跨ぐその間に世の中は大きく変化しました。

「永遠にこの様に世は続きゆく」とも思われた彼の時は、冷戦終結、ベルリンの壁崩壊などの明るいニュースが流れた後でした。悲しいニュースが聞かれたとしても「ピースピースと鳴く鳥」に私はまだ「楽感」していました。

令和六年の今現在はといえば、科学技術の進歩によりスマートフォンや人工知能が登場するなど大変便利な生活の恩恵を受けることになったと同時にそれらがもたらす負の側面にも晒されるようになり、また便利さ快適さを求めて止まない生活は海洋汚染や地球温暖化による自然災害の増加を招いています。更には世界各地で深まる人の分断や終わりの見えない戦争など、深刻な問題が山積する時代となりました。この「困難な時代」に新たに生を受けた命に今「生れきたること喜べる」よう祈らずにはいられないのです。

しかし一方でまた、時が経っても変わらないものがありました。レコードがCDやネット配信になっても人は音楽に癒され、手紙が電子メールになっても人は情愛を伝え合う。茜色に染まる夕空や季節を告げて咲く花を美しいと思い、人智の及ばぬものの前に祈らないではいられない。この過去の歌を読み返しまとめる作業を通して人の人としての本質を改めて思いました。

私の作歌歴全てにおけるこれらの歌に最初に詠まれる対象となった幼い娘たちは今日それぞれ人の親となり当時とは逆に高齢となった私を案ずるようになりました。その長い年月のなか笑ったり泣いたり怒ったり感動したり恋したり夢みたり夢想したりを三十一文字に記し書名にもありますようにこれらの描き歌をひとり抱くようにして日々を過してきましたが、三十年をひと区切りとし一冊の本という形にしようと思いたちました。これらの歌はおおむね詠まれた年代順に並べられていますが内容に添ってまとめ更に小題を付けて各章に分けたため多少の前後があります。また当時を思い出し後年新たに詠んだ歌も僅かながらあります。

平凡な取り立てて言うほどのこともない人生から生まれたこの一冊を、手に取り最後まで読んでいただけましたならば嬉しく思います。

尚、出版に際しましては不慣れな作業に心細くあった私を、暖かく見守り励まし続けてくださった西田書店の関根則子様に心より感謝申し上げます。

二〇二五年一月

小川十四

著者略歴
小川十四（おがわ とし）
1956年神奈川県生まれ。
結婚後茨城県に移り住み二児をもうけるも、
二人が幼い時に離婚。以後工場や介護施設に
勤めながら作歌を続け現在に至る。

歌集
拙《つたな》きを抱《だ》く

2025年2月18日初版第1刷発行

著　者――――小川十四

発行者――――柴田光陽

装　丁――――戸隠サトル

発行所――――株式会社西田書店
東京都千代田区神田神保町2－10－31 IWビル4F
Tel 03-3261-4509　Fax 03-3262-4643（〒101－0051）
https://nishida-shoten.co.jp

印刷・製本　株式会社エス・アイ・ピー

ISBN978-4-88866-702-9　C0092
・定価はカバーに表記されています。
・乱丁落丁本はお取替えいたします（送料小社負担）